# Names, Addresses & Phone Numbers

## Large Print Address Book

Copyright © 2016 by Synchronista LLC. All Rights Reserved.
Published by Synchronista LLC – Gilbert, Arizona, USA
Synchronista® is a registered trademark of Synchronista LLC
Web: synchronista.com

BrilliantActivityBooks.com

## IMPORTANT CONTACTS

**NAME:**

**ADDRESS:**

**CITY/STATE/ZIP:**

☎ **HOME:**                                                ☎ **WORK:**

☎ **CELL:**                                                  **EMAIL:**

**NOTES:**

---

**NAME:**

**ADDRESS:**

**CITY/STATE/ZIP:**

☎ **HOME:**                                                ☎ **WORK:**

☎ **CELL:**                                                  **EMAIL:**

**NOTES:**

---

**NAME:**

**ADDRESS:**

**CITY/STATE/ZIP:**

☎ **HOME:**                                                ☎ **WORK:**

☎ **CELL:**                                                  **EMAIL:**

**NOTES:**

---

**NAME:**

**ADDRESS:**

**CITY/STATE/ZIP:**

☎ **HOME:**                                                ☎ **WORK:**

☎ **CELL:**                                                  **EMAIL:**

**NOTES:**

**POLICE:**

**FIRE:**

**POISON CONTROL CENTER:**

**DOCTOR 1:**

**DOCTOR 2:**

**INSURANCE COMPANY/POLICY/GROUP:**

**DENTIST:**

**PHARMACY:**

**LAB/OTHER:**

**VETERINARIAN:**

**IF FOUND, PLEASE RETURN THIS BOOK TO:**

**EMERGENCY/MEDICAL**

# { NOTES }

There are between 2 and 6 pages for every letter, except for **U&V** and **X, Y & Z** which share pages.

Every page has space for four names and their address/phone numbers/email address plus room for other notes you'd like to add.

Each letter page features between 1 and 6 dots in the lower outer corners to let you know which page of that letter you're on. (Example: Page 3 of letter A will feature 3 dots, page 4 of letter S will have 4 dots.)

See the letter index on page 5 for a list of where the first page of each letter begins.

# PAGE INDEX BY LETTER

| | |
|---|---|
| A | 6 |
| B | 12 |
| C | 16 |
| D | 20 |
| E | 24 |
| F | 28 |
| G | 32 |
| H | 36 |
| I | 42 |
| J | 44 |
| K | 46 |
| L | 48 |
| M | 52 |
| N | 58 |
| O | 62 |
| P | 64 |
| Q | 70 |
| R | 72 |
| S | 78 |
| T | 84 |
| U & V | 90 |
| W | 94 |
| X, Y & Z | 100 |

# Wherever we are, it is our friends that make our world.

## —Henry Drummond

# A

**NAME:**

**ADDRESS:**

**CITY/STATE/ZIP:**

☎ **HOME:** ☎ **WORK:**

☎ **CELL:** **EMAIL:**

**NOTES:**

---

**NAME:**

**ADDRESS:**

**CITY/STATE/ZIP:**

☎ **HOME:** ☎ **WORK:**

☎ **CELL:** **EMAIL:**

**NOTES:**

---

**NAME:**

**ADDRESS:**

**CITY/STATE/ZIP:**

☎ **HOME:** ☎ **WORK:**

☎ **CELL:** **EMAIL:**

**NOTES:**

---

**NAME:**

**ADDRESS:**

**CITY/STATE/ZIP:**

☎ **HOME:** ☎ **WORK:**

☎ **CELL:** **EMAIL:**

**NOTES:**

**NAME:**

**ADDRESS:**

**CITY/STATE/ZIP:**

☎ **HOME:**   ☎ **WORK:**

☎ **CELL:**   **EMAIL:**

**NOTES:**

---

**NAME:**

**ADDRESS:**

**CITY/STATE/ZIP:**

☎ **HOME:**   ☎ **WORK:**

☎ **CELL:**   **EMAIL:**

**NOTES:**

---

**NAME:**

**ADDRESS:**

**CITY/STATE/ZIP:**

☎ **HOME:**   ☎ **WORK:**

☎ **CELL:**   **EMAIL:**

**NOTES:**

---

**NAME:**

**ADDRESS:**

**CITY/STATE/ZIP:**

☎ **HOME:**   ☎ **WORK:**

☎ **CELL:**   **EMAIL:**

**NOTES:**

**A**

**NAME:**
**ADDRESS:**
**CITY/STATE/ZIP:**
☎ **HOME:** ☎ **WORK:**
☎ **CELL:** **EMAIL:**
**NOTES:**

**NAME:**
**ADDRESS:**
**CITY/STATE/ZIP:**
☎ **HOME:** ☎ **WORK:**
☎ **CELL:** **EMAIL:**
**NOTES:**

**NAME:**
**ADDRESS:**
**CITY/STATE/ZIP:**
☎ **HOME:** ☎ **WORK:**
☎ **CELL:** **EMAIL:**
**NOTES:**

**NAME:**
**ADDRESS:**
**CITY/STATE/ZIP:**
☎ **HOME:** ☎ **WORK:**
☎ **CELL:** **EMAIL:**
**NOTES:**

**NAME:**
ADDRESS:
CITY/STATE/ZIP:
☎ HOME: ☎ WORK:
☎ CELL: EMAIL:
NOTES:

**NAME:**
ADDRESS:
CITY/STATE/ZIP:
☎ HOME: ☎ WORK:
☎ CELL: EMAIL:
NOTES:

**NAME:**
ADDRESS:
CITY/STATE/ZIP:
☎ HOME: ☎ WORK:
☎ CELL: EMAIL:
NOTES:

**NAME:**
ADDRESS:
CITY/STATE/ZIP:
☎ HOME: ☎ WORK:
☎ CELL: EMAIL:
NOTES:

# A

**NAME:**

**ADDRESS:**

**CITY/STATE/ZIP:**

☎ **HOME:**            ☎ **WORK:**

☎ **CELL:**            **EMAIL:**

**NOTES:**

---

**NAME:**

**ADDRESS:**

**CITY/STATE/ZIP:**

☎ **HOME:**            ☎ **WORK:**

☎ **CELL:**            **EMAIL:**

**NOTES:**

---

**NAME:**

**ADDRESS:**

**CITY/STATE/ZIP:**

☎ **HOME:**            ☎ **WORK:**

☎ **CELL:**            **EMAIL:**

**NOTES:**

---

**NAME:**

**ADDRESS:**

**CITY/STATE/ZIP:**

☎ **HOME:**            ☎ **WORK:**

☎ **CELL:**            **EMAIL:**

**NOTES:**

**NAME:**

**ADDRESS:**

**CITY/STATE/ZIP:**

☎ **HOME:**   ☎ **WORK:**

☎ **CELL:**   **EMAIL:**

**NOTES:**

---

**NAME:**

**ADDRESS:**

**CITY/STATE/ZIP:**

☎ **HOME:**   ☎ **WORK:**

☎ **CELL:**   **EMAIL:**

**NOTES:**

---

**NAME:**

**ADDRESS:**

**CITY/STATE/ZIP:**

☎ **HOME:**   ☎ **WORK:**

☎ **CELL:**   **EMAIL:**

**NOTES:**

---

**NAME:**

**ADDRESS:**

**CITY/STATE/ZIP:**

☎ **HOME:**   ☎ **WORK:**

☎ **CELL:**   **EMAIL:**

**NOTES:**

**NAME:**

**ADDRESS:**

**CITY/STATE/ZIP:**

☎ **HOME:** ☎ **WORK:**

☎ **CELL:** **EMAIL:**

**NOTES:**

---

**NAME:**

**ADDRESS:**

**CITY/STATE/ZIP:**

☎ **HOME:** ☎ **WORK:**

☎ **CELL:** **EMAIL:**

**NOTES:**

---

**NAME:**

**ADDRESS:**

**CITY/STATE/ZIP:**

☎ **HOME:** ☎ **WORK:**

☎ **CELL:** **EMAIL:**

**NOTES:**

---

**NAME:**

**ADDRESS:**

**CITY/STATE/ZIP:**

☎ **HOME:** ☎ **WORK:**

☎ **CELL:** **EMAIL:**

**NOTES:**

**NAME:**

**ADDRESS:**

**CITY/STATE/ZIP:**

☎ **HOME:** ☎ **WORK:**

☎ **CELL:** **EMAIL:**

**NOTES:**

---

**NAME:**

**ADDRESS:**

**CITY/STATE/ZIP:**

☎ **HOME:** ☎ **WORK:**

☎ **CELL:** **EMAIL:**

**NOTES:**

---

**NAME:**

**ADDRESS:**

**CITY/STATE/ZIP:**

☎ **HOME:** ☎ **WORK:**

☎ **CELL:** **EMAIL:**

**NOTES:**

---

**NAME:**

**ADDRESS:**

**CITY/STATE/ZIP:**

☎ **HOME:** ☎ **WORK:**

☎ **CELL:** **EMAIL:**

**NOTES:**

**NAME:**

**ADDRESS:**

**CITY/STATE/ZIP:**

☎ **HOME:** ☎ **WORK:**

☎ **CELL:** **EMAIL:**

**NOTES:**

---

**NAME:**

**ADDRESS:**

**CITY/STATE/ZIP:**

☎ **HOME:** ☎ **WORK:**

☎ **CELL:** **EMAIL:**

**NOTES:**

---

**NAME:**

**ADDRESS:**

**CITY/STATE/ZIP:**

☎ **HOME:** ☎ **WORK:**

☎ **CELL:** **EMAIL:**

**NOTES:**

---

**NAME:**

**ADDRESS:**

**CITY/STATE/ZIP:**

☎ **HOME:** ☎ **WORK:**

☎ **CELL:** **EMAIL:**

**NOTES:**

**NAME:**

**ADDRESS:**

**CITY/STATE/ZIP:**

☎ **HOME:**  ☎ **WORK:**

☎ **CELL:**  **EMAIL:**

**NOTES:**

---

**NAME:**

**ADDRESS:**

**CITY/STATE/ZIP:**

☎ **HOME:**  ☎ **WORK:**

☎ **CELL:**  **EMAIL:**

**NOTES:**

---

**NAME:**

**ADDRESS:**

**CITY/STATE/ZIP:**

☎ **HOME:**  ☎ **WORK:**

☎ **CELL:**  **EMAIL:**

**NOTES:**

---

**NAME:**

**ADDRESS:**

**CITY/STATE/ZIP:**

☎ **HOME:**  ☎ **WORK:**

☎ **CELL:**  **EMAIL:**

**NOTES:**

## C

**NAME:**

ADDRESS:

CITY/STATE/ZIP:

☎ HOME: ☎ WORK:

☎ CELL: EMAIL:

NOTES:

---

**NAME:**

ADDRESS:

CITY/STATE/ZIP:

☎ HOME: ☎ WORK:

☎ CELL: EMAIL:

NOTES:

---

**NAME:**

ADDRESS:

CITY/STATE/ZIP:

☎ HOME: ☎ WORK:

☎ CELL: EMAIL:

NOTES:

---

**NAME:**

ADDRESS:

CITY/STATE/ZIP:

☎ HOME: ☎ WORK:

☎ CELL: EMAIL:

NOTES:

**NAME:**

**ADDRESS:**

**CITY/STATE/ZIP:**

☎ **HOME:** ☎ **WORK:**

☎ **CELL:** **EMAIL:**

**NOTES:**

---

**NAME:**

**ADDRESS:**

**CITY/STATE/ZIP:**

☎ **HOME:** ☎ **WORK:**

☎ **CELL:** **EMAIL:**

**NOTES:**

---

**NAME:**

**ADDRESS:**

**CITY/STATE/ZIP:**

☎ **HOME:** ☎ **WORK:**

☎ **CELL:** **EMAIL:**

**NOTES:**

---

**NAME:**

**ADDRESS:**

**CITY/STATE/ZIP:**

☎ **HOME:** ☎ **WORK:**

☎ **CELL:** **EMAIL:**

**NOTES:**

**NAME:**

**ADDRESS:**

**CITY/STATE/ZIP:**

☎ **HOME:** ☎ **WORK:**

☎ **CELL:** **EMAIL:**

**NOTES:**

---

**NAME:**

**ADDRESS:**

**CITY/STATE/ZIP:**

☎ **HOME:** ☎ **WORK:**

☎ **CELL:** **EMAIL:**

**NOTES:**

---

**NAME:**

**ADDRESS:**

**CITY/STATE/ZIP:**

☎ **HOME:** ☎ **WORK:**

☎ **CELL:** **EMAIL:**

**NOTES:**

---

**NAME:**

**ADDRESS:**

**CITY/STATE/ZIP:**

☎ **HOME:** ☎ **WORK:**

☎ **CELL:** **EMAIL:**

**NOTES:**

**NAME:**

**ADDRESS:**

**CITY/STATE/ZIP:**

☎ **HOME:** ☎ **WORK:**

☎ **CELL:** **EMAIL:**

**NOTES:**

---

**NAME:**

**ADDRESS:**

**CITY/STATE/ZIP:**

☎ **HOME:** ☎ **WORK:**

☎ **CELL:** **EMAIL:**

**NOTES:**

---

**NAME:**

**ADDRESS:**

**CITY/STATE/ZIP:**

☎ **HOME:** ☎ **WORK:**

☎ **CELL:** **EMAIL:**

**NOTES:**

---

**NAME:**

**ADDRESS:**

**CITY/STATE/ZIP:**

☎ **HOME:** ☎ **WORK:**

☎ **CELL:** **EMAIL:**

**NOTES:**

# D

**NAME:**

**ADDRESS:**

**CITY/STATE/ZIP:**

☎ **HOME:** ☎ **WORK:**

☎ **CELL:** **EMAIL:**

**NOTES:**

---

**NAME:**

**ADDRESS:**

**CITY/STATE/ZIP:**

☎ **HOME:** ☎ **WORK:**

☎ **CELL:** **EMAIL:**

**NOTES:**

---

**NAME:**

**ADDRESS:**

**CITY/STATE/ZIP:**

☎ **HOME:** ☎ **WORK:**

☎ **CELL:** **EMAIL:**

**NOTES:**

---

**NAME:**

**ADDRESS:**

**CITY/STATE/ZIP:**

☎ **HOME:** ☎ **WORK:**

☎ **CELL:** **EMAIL:**

**NOTES:**

**NAME:**

**ADDRESS:**

**CITY/STATE/ZIP:**

☎ **HOME:**  ☎ **WORK:**

☎ **CELL:**  **EMAIL:**

**NOTES:**

---

**NAME:**

**ADDRESS:**

**CITY/STATE/ZIP:**

☎ **HOME:**  ☎ **WORK:**

☎ **CELL:**  **EMAIL:**

**NOTES:**

---

**NAME:**

**ADDRESS:**

**CITY/STATE/ZIP:**

☎ **HOME:**  ☎ **WORK:**

☎ **CELL:**  **EMAIL:**

**NOTES:**

---

**NAME:**

**ADDRESS:**

**CITY/STATE/ZIP:**

☎ **HOME:**  ☎ **WORK:**

☎ **CELL:**  **EMAIL:**

**NOTES:**

**D**

**NAME:**
**ADDRESS:**
**CITY/STATE/ZIP:**
☎ **HOME:** ☎ **WORK:**
☎ **CELL:** **EMAIL:**
**NOTES:**

---

**NAME:**
**ADDRESS:**
**CITY/STATE/ZIP:**
☎ **HOME:** ☎ **WORK:**
☎ **CELL:** **EMAIL:**
**NOTES:**

---

**NAME:**
**ADDRESS:**
**CITY/STATE/ZIP:**
☎ **HOME:** ☎ **WORK:**
☎ **CELL:** **EMAIL:**
**NOTES:**

---

**NAME:**
**ADDRESS:**
**CITY/STATE/ZIP:**
☎ **HOME:** ☎ **WORK:**
☎ **CELL:** **EMAIL:**
**NOTES:**

**NAME:**

ADDRESS:

CITY/STATE/ZIP:

☎ HOME: ☎ WORK:

☎ CELL: EMAIL:

NOTES:

---

**NAME:**

ADDRESS:

CITY/STATE/ZIP:

☎ HOME: ☎ WORK:

☎ CELL: EMAIL:

NOTES:

---

**NAME:**

ADDRESS:

CITY/STATE/ZIP:

☎ HOME: ☎ WORK:

☎ CELL: EMAIL:

NOTES:

---

**NAME:**

ADDRESS:

CITY/STATE/ZIP:

☎ HOME: ☎ WORK:

☎ CELL: EMAIL:

NOTES:

**NAME:**

**ADDRESS:**

**CITY/STATE/ZIP:**

☎ **HOME:** ☎ **WORK:**

☎ **CELL:** **EMAIL:**

**NOTES:**

---

**NAME:**

**ADDRESS:**

**CITY/STATE/ZIP:**

☎ **HOME:** ☎ **WORK:**

☎ **CELL:** **EMAIL:**

**NOTES:**

---

**NAME:**

**ADDRESS:**

**CITY/STATE/ZIP:**

☎ **HOME:** ☎ **WORK:**

☎ **CELL:** **EMAIL:**

**NOTES:**

---

**NAME:**

**ADDRESS:**

**CITY/STATE/ZIP:**

☎ **HOME:** ☎ **WORK:**

☎ **CELL:** **EMAIL:**

**NOTES:**

**NAME:**

**ADDRESS:**

**CITY/STATE/ZIP:**

☎ **HOME:** ☎ **WORK:**

☎ **CELL:** **EMAIL:**

**NOTES:**

---

**NAME:**

**ADDRESS:**

**CITY/STATE/ZIP:**

☎ **HOME:** ☎ **WORK:**

☎ **CELL:** **EMAIL:**

**NOTES:**

---

**NAME:**

**ADDRESS:**

**CITY/STATE/ZIP:**

☎ **HOME:** ☎ **WORK:**

☎ **CELL:** **EMAIL:**

**NOTES:**

---

**NAME:**

**ADDRESS:**

**CITY/STATE/ZIP:**

☎ **HOME:** ☎ **WORK:**

☎ **CELL:** **EMAIL:**

**NOTES:**

**E**

**NAME:**

**ADDRESS:**

**CITY/STATE/ZIP:**

☏ **HOME:**  ☏ **WORK:**

☏ **CELL:**  **EMAIL:**

**NOTES:**

---

**NAME:**

**ADDRESS:**

**CITY/STATE/ZIP:**

☏ **HOME:**  ☏ **WORK:**

☏ **CELL:**  **EMAIL:**

**NOTES:**

---

**NAME:**

**ADDRESS:**

**CITY/STATE/ZIP:**

☏ **HOME:**  ☏ **WORK:**

☏ **CELL:**  **EMAIL:**

**NOTES:**

---

**NAME:**

**ADDRESS:**

**CITY/STATE/ZIP:**

☏ **HOME:**  ☏ **WORK:**

☏ **CELL:**  **EMAIL:**

**NOTES:**

**NAME:**

**ADDRESS:**

**CITY/STATE/ZIP:**

☎ **HOME:**  ☎ **WORK:**

☎ **CELL:**  **EMAIL:**

**NOTES:**

---

**NAME:**

**ADDRESS:**

**CITY/STATE/ZIP:**

☎ **HOME:**  ☎ **WORK:**

☎ **CELL:**  **EMAIL:**

**NOTES:**

---

**NAME:**

**ADDRESS:**

**CITY/STATE/ZIP:**

☎ **HOME:**  ☎ **WORK:**

☎ **CELL:**  **EMAIL:**

**NOTES:**

---

**NAME:**

**ADDRESS:**

**CITY/STATE/ZIP:**

☎ **HOME:**  ☎ **WORK:**

☎ **CELL:**  **EMAIL:**

**NOTES:**

**F**

**NAME:**
**ADDRESS:**
**CITY/STATE/ZIP:**
☎ **HOME:**  ☎ **WORK:**
☎ **CELL:**  **EMAIL:**
**NOTES:**

**NAME:**
**ADDRESS:**
**CITY/STATE/ZIP:**
☎ **HOME:**  ☎ **WORK:**
☎ **CELL:**  **EMAIL:**
**NOTES:**

**NAME:**
**ADDRESS:**
**CITY/STATE/ZIP:**
☎ **HOME:**  ☎ **WORK:**
☎ **CELL:**  **EMAIL:**
**NOTES:**

**NAME:**
**ADDRESS:**
**CITY/STATE/ZIP:**
☎ **HOME:**  ☎ **WORK:**
☎ **CELL:**  **EMAIL:**
**NOTES:**

**NAME:**

**ADDRESS:**

**CITY/STATE/ZIP:**

☎ **HOME:** ☎ **WORK:**

☎ **CELL:** **EMAIL:**

**NOTES:**

---

**NAME:**

**ADDRESS:**

**CITY/STATE/ZIP:**

☎ **HOME:** ☎ **WORK:**

☎ **CELL:** **EMAIL:**

**NOTES:**

---

**NAME:**

**ADDRESS:**

**CITY/STATE/ZIP:**

☎ **HOME:** ☎ **WORK:**

☎ **CELL:** **EMAIL:**

**NOTES:**

---

**NAME:**

**ADDRESS:**

**CITY/STATE/ZIP:**

☎ **HOME:** ☎ **WORK:**

☎ **CELL:** **EMAIL:**

**NOTES:**

**NAME:**

**ADDRESS:**

**CITY/STATE/ZIP:**

☎ **HOME:** ☎ **WORK:**

☎ **CELL:** **EMAIL:**

**NOTES:**

---

**NAME:**

**ADDRESS:**

**CITY/STATE/ZIP:**

☎ **HOME:** ☎ **WORK:**

☎ **CELL:** **EMAIL:**

**NOTES:**

---

**NAME:**

**ADDRESS:**

**CITY/STATE/ZIP:**

☎ **HOME:** ☎ **WORK:**

☎ **CELL:** **EMAIL:**

**NOTES:**

---

**NAME:**

**ADDRESS:**

**CITY/STATE/ZIP:**

☎ **HOME:** ☎ **WORK:**

☎ **CELL:** **EMAIL:**

**NOTES:**

**NAME:**

**ADDRESS:**

**CITY/STATE/ZIP:**

☎ **HOME:** ☎ **WORK:**

☎ **CELL:** **EMAIL:**

**NOTES:**

---

**NAME:**

**ADDRESS:**

**CITY/STATE/ZIP:**

☎ **HOME:** ☎ **WORK:**

☎ **CELL:** **EMAIL:**

**NOTES:**

---

**NAME:**

**ADDRESS:**

**CITY/STATE/ZIP:**

☎ **HOME:** ☎ **WORK:**

☎ **CELL:** **EMAIL:**

**NOTES:**

---

**NAME:**

**ADDRESS:**

**CITY/STATE/ZIP:**

☎ **HOME:** ☎ **WORK:**

☎ **CELL:** **EMAIL:**

**NOTES:**

NAME:

ADDRESS:

CITY/STATE/ZIP:

☎ HOME: ☎ WORK:

☎ CELL: EMAIL:

NOTES:

---

NAME:

ADDRESS:

CITY/STATE/ZIP:

☎ HOME: ☎ WORK:

☎ CELL: EMAIL:

NOTES:

---

NAME:

ADDRESS:

CITY/STATE/ZIP:

☎ HOME: ☎ WORK:

☎ CELL: EMAIL:

NOTES:

---

NAME:

ADDRESS:

CITY/STATE/ZIP:

☎ HOME: ☎ WORK:

☎ CELL: EMAIL:

NOTES:

**NAME:**

**ADDRESS:**

**CITY/STATE/ZIP:**

☎ **HOME:** ☎ **WORK:**

☎ **CELL:** **EMAIL:**

**NOTES:**

---

**NAME:**

**ADDRESS:**

**CITY/STATE/ZIP:**

☎ **HOME:** ☎ **WORK:**

☎ **CELL:** **EMAIL:**

**NOTES:**

---

**NAME:**

**ADDRESS:**

**CITY/STATE/ZIP:**

☎ **HOME:** ☎ **WORK:**

☎ **CELL:** **EMAIL:**

**NOTES:**

---

**NAME:**

**ADDRESS:**

**CITY/STATE/ZIP:**

☎ **HOME:** ☎ **WORK:**

☎ **CELL:** **EMAIL:**

**NOTES:**

# G

**NAME:**

**ADDRESS:**

**CITY/STATE/ZIP:**

☎ **HOME:** ☎ **WORK:**

☎ **CELL:** **EMAIL:**

**NOTES:**

---

**NAME:**

**ADDRESS:**

**CITY/STATE/ZIP:**

☎ **HOME:** ☎ **WORK:**

☎ **CELL:** **EMAIL:**

**NOTES:**

---

**NAME:**

**ADDRESS:**

**CITY/STATE/ZIP:**

☎ **HOME:** ☎ **WORK:**

☎ **CELL:** **EMAIL:**

**NOTES:**

---

**NAME:**

**ADDRESS:**

**CITY/STATE/ZIP:**

☎ **HOME:** ☎ **WORK:**

☎ **CELL:** **EMAIL:**

**NOTES:**

**NAME:**

**ADDRESS:**

**CITY/STATE/ZIP:**

☎ **HOME:**  ☎ **WORK:**

☎ **CELL:**  **EMAIL:**

**NOTES:**

---

**NAME:**

**ADDRESS:**

**CITY/STATE/ZIP:**

☎ **HOME:**  ☎ **WORK:**

☎ **CELL:**  **EMAIL:**

**NOTES:**

---

**NAME:**

**ADDRESS:**

**CITY/STATE/ZIP:**

☎ **HOME:**  ☎ **WORK:**

☎ **CELL:**  **EMAIL:**

**NOTES:**

---

**NAME:**

**ADDRESS:**

**CITY/STATE/ZIP:**

☎ **HOME:**  ☎ **WORK:**

☎ **CELL:**  **EMAIL:**

**NOTES:**

# H

**NAME:**

**ADDRESS:**

**CITY/STATE/ZIP:**

☎ **HOME:** ☎ **WORK:**

☎ **CELL:** **EMAIL:**

**NOTES:**

---

**NAME:**

**ADDRESS:**

**CITY/STATE/ZIP:**

☎ **HOME:** ☎ **WORK:**

☎ **CELL:** **EMAIL:**

**NOTES:**

---

**NAME:**

**ADDRESS:**

**CITY/STATE/ZIP:**

☎ **HOME:** ☎ **WORK:**

☎ **CELL:** **EMAIL:**

**NOTES:**

---

**NAME:**

**ADDRESS:**

**CITY/STATE/ZIP:**

☎ **HOME:** ☎ **WORK:**

☎ **CELL:** **EMAIL:**

**NOTES:**

**NAME:**

**ADDRESS:**

**CITY/STATE/ZIP:**

☎ **HOME:** ☎ **WORK:**

☎ **CELL:** **EMAIL:**

**NOTES:**

---

**NAME:**

**ADDRESS:**

**CITY/STATE/ZIP:**

☎ **HOME:** ☎ **WORK:**

☎ **CELL:** **EMAIL:**

**NOTES:**

---

**NAME:**

**ADDRESS:**

**CITY/STATE/ZIP:**

☎ **HOME:** ☎ **WORK:**

☎ **CELL:** **EMAIL:**

**NOTES:**

---

**NAME:**

**ADDRESS:**

**CITY/STATE/ZIP:**

☎ **HOME:** ☎ **WORK:**

☎ **CELL:** **EMAIL:**

**NOTES:**

# H

**NAME:**

**ADDRESS:**

**CITY/STATE/ZIP:**

☎ **HOME:** ☎ **WORK:**

☎ **CELL:** **EMAIL:**

**NOTES:**

---

**NAME:**

**ADDRESS:**

**CITY/STATE/ZIP:**

☎ **HOME:** ☎ **WORK:**

☎ **CELL:** **EMAIL:**

**NOTES:**

---

**NAME:**

**ADDRESS:**

**CITY/STATE/ZIP:**

☎ **HOME:** ☎ **WORK:**

☎ **CELL:** **EMAIL:**

**NOTES:**

---

**NAME:**

**ADDRESS:**

**CITY/STATE/ZIP:**

☎ **HOME:** ☎ **WORK:**

☎ **CELL:** **EMAIL:**

**NOTES:**

**NAME:**

**ADDRESS:**

**CITY/STATE/ZIP:**

☎ **HOME:** ☎ **WORK:**

☎ **CELL:** **EMAIL:**

**NOTES:**

---

**NAME:**

**ADDRESS:**

**CITY/STATE/ZIP:**

☎ **HOME:** ☎ **WORK:**

☎ **CELL:** **EMAIL:**

**NOTES:**

---

**NAME:**

**ADDRESS:**

**CITY/STATE/ZIP:**

☎ **HOME:** ☎ **WORK:**

☎ **CELL:** **EMAIL:**

**NOTES:**

---

**NAME:**

**ADDRESS:**

**CITY/STATE/ZIP:**

☎ **HOME:** ☎ **WORK:**

☎ **CELL:** **EMAIL:**

**NOTES:**

# H

**NAME:**

**ADDRESS:**

**CITY/STATE/ZIP:**

☎ **HOME:** ☎ **WORK:**

☎ **CELL:** **EMAIL:**

**NOTES:**

---

**NAME:**

**ADDRESS:**

**CITY/STATE/ZIP:**

☎ **HOME:** ☎ **WORK:**

☎ **CELL:** **EMAIL:**

**NOTES:**

---

**NAME:**

**ADDRESS:**

**CITY/STATE/ZIP:**

☎ **HOME:** ☎ **WORK:**

☎ **CELL:** **EMAIL:**

**NOTES:**

---

**NAME:**

**ADDRESS:**

**CITY/STATE/ZIP:**

☎ **HOME:** ☎ **WORK:**

☎ **CELL:** **EMAIL:**

**NOTES:**

**NAME:**

**ADDRESS:**

**CITY/STATE/ZIP:**

☎ **HOME:**  ☎ **WORK:**

☎ **CELL:**  **EMAIL:**

**NOTES:**

---

**NAME:**

**ADDRESS:**

**CITY/STATE/ZIP:**

☎ **HOME:**  ☎ **WORK:**

☎ **CELL:**  **EMAIL:**

**NOTES:**

---

**NAME:**

**ADDRESS:**

**CITY/STATE/ZIP:**

☎ **HOME:**  ☎ **WORK:**

☎ **CELL:**  **EMAIL:**

**NOTES:**

---

**NAME:**

**ADDRESS:**

**CITY/STATE/ZIP:**

☎ **HOME:**  ☎ **WORK:**

☎ **CELL:**  **EMAIL:**

**NOTES:**

**NAME:**

**ADDRESS:**

**CITY/STATE/ZIP:**

☎ **HOME:** ☎ **WORK:**

☎ **CELL:** **EMAIL:**

**NOTES:**

**NAME:**

**ADDRESS:**

**CITY/STATE/ZIP:**

☎ **HOME:** ☎ **WORK:**

☎ **CELL:** **EMAIL:**

**NOTES:**

**NAME:**

**ADDRESS:**

**CITY/STATE/ZIP:**

☎ **HOME:** ☎ **WORK:**

☎ **CELL:** **EMAIL:**

**NOTES:**

**NAME:**

**ADDRESS:**

**CITY/STATE/ZIP:**

☎ **HOME:** ☎ **WORK:**

☎ **CELL:** **EMAIL:**

**NOTES:**

**NAME:**

ADDRESS:

CITY/STATE/ZIP:

☎ HOME: ☎ WORK:

☎ CELL: EMAIL:

NOTES:

**NAME:**

ADDRESS:

CITY/STATE/ZIP:

☎ HOME: ☎ WORK:

☎ CELL: EMAIL:

NOTES:

**NAME:**

ADDRESS:

CITY/STATE/ZIP:

☎ HOME: ☎ WORK:

☎ CELL: EMAIL:

NOTES:

**NAME:**

ADDRESS:

CITY/STATE/ZIP:

☎ HOME: ☎ WORK:

☎ CELL: EMAIL:

NOTES:

**NAME:**

**ADDRESS:**

**CITY/STATE/ZIP:**

☎ **HOME:** ☎ **WORK:**

☎ **CELL:** **EMAIL:**

**NOTES:**

---

**NAME:**

**ADDRESS:**

**CITY/STATE/ZIP:**

☎ **HOME:** ☎ **WORK:**

☎ **CELL:** **EMAIL:**

**NOTES:**

---

**NAME:**

**ADDRESS:**

**CITY/STATE/ZIP:**

☎ **HOME:** ☎ **WORK:**

☎ **CELL:** **EMAIL:**

**NOTES:**

---

**NAME:**

**ADDRESS:**

**CITY/STATE/ZIP:**

☎ **HOME:** ☎ **WORK:**

☎ **CELL:** **EMAIL:**

**NOTES:**

**NAME:**

**ADDRESS:**

**CITY/STATE/ZIP:**

☎ **HOME:** ☎ **WORK:**

☎ **CELL:** **EMAIL:**

**NOTES:**

---

**NAME:**

**ADDRESS:**

**CITY/STATE/ZIP:**

☎ **HOME:** ☎ **WORK:**

☎ **CELL:** **EMAIL:**

**NOTES:**

---

**NAME:**

**ADDRESS:**

**CITY/STATE/ZIP:**

☎ **HOME:** ☎ **WORK:**

☎ **CELL:** **EMAIL:**

**NOTES:**

---

**NAME:**

**ADDRESS:**

**CITY/STATE/ZIP:**

☎ **HOME:** ☎ **WORK:**

☎ **CELL:** **EMAIL:**

**NOTES:**

**NAME:**

**ADDRESS:**

**CITY/STATE/ZIP:**

☎ **HOME:** ☎ **WORK:**

☎ **CELL:** **EMAIL:**

**NOTES:**

---

**NAME:**

**ADDRESS:**

**CITY/STATE/ZIP:**

☎ **HOME:** ☎ **WORK:**

☎ **CELL:** **EMAIL:**

**NOTES:**

---

**NAME:**

**ADDRESS:**

**CITY/STATE/ZIP:**

☎ **HOME:** ☎ **WORK:**

☎ **CELL:** **EMAIL:**

**NOTES:**

---

**NAME:**

**ADDRESS:**

**CITY/STATE/ZIP:**

☎ **HOME:** ☎ **WORK:**

☎ **CELL:** **EMAIL:**

**NOTES:**

**NAME:**

**ADDRESS:**

**CITY/STATE/ZIP:**

☏ **HOME:** ☏ **WORK:**

☏ **CELL:** **EMAIL:**

**NOTES:**

---

**NAME:**

**ADDRESS:**

**CITY/STATE/ZIP:**

☏ **HOME:** ☏ **WORK:**

☏ **CELL:** **EMAIL:**

**NOTES:**

---

**NAME:**

**ADDRESS:**

**CITY/STATE/ZIP:**

☏ **HOME:** ☏ **WORK:**

☏ **CELL:** **EMAIL:**

**NOTES:**

---

**NAME:**

**ADDRESS:**

**CITY/STATE/ZIP:**

☏ **HOME:** ☏ **WORK:**

☏ **CELL:** **EMAIL:**

**NOTES:**

**L**

**NAME:**

**ADDRESS:**

**CITY/STATE/ZIP:**

☎ **HOME:** ☎ **WORK:**

☎ **CELL:** **EMAIL:**

**NOTES:**

**NAME:**

**ADDRESS:**

**CITY/STATE/ZIP:**

☎ **HOME:** ☎ **WORK:**

☎ **CELL:** **EMAIL:**

**NOTES:**

**NAME:**

**ADDRESS:**

**CITY/STATE/ZIP:**

☎ **HOME:** ☎ **WORK:**

☎ **CELL:** **EMAIL:**

**NOTES:**

**NAME:**

**ADDRESS:**

**CITY/STATE/ZIP:**

☎ **HOME:** ☎ **WORK:**

☎ **CELL:** **EMAIL:**

**NOTES:**

**NAME:**

**ADDRESS:**

**CITY/STATE/ZIP:**

☎ **HOME:** ☎ **WORK:**

☎ **CELL:** **EMAIL:**

**NOTES:**

---

**NAME:**

**ADDRESS:**

**CITY/STATE/ZIP:**

☎ **HOME:** ☎ **WORK:**

☎ **CELL:** **EMAIL:**

**NOTES:**

---

**NAME:**

**ADDRESS:**

**CITY/STATE/ZIP:**

☎ **HOME:** ☎ **WORK:**

☎ **CELL:** **EMAIL:**

**NOTES:**

---

**NAME:**

**ADDRESS:**

**CITY/STATE/ZIP:**

☎ **HOME:** ☎ **WORK:**

☎ **CELL:** **EMAIL:**

**NOTES:**

**NAME:**

**ADDRESS:**

**CITY/STATE/ZIP:**

☎ **HOME:**  ☎ **WORK:**

☎ **CELL:**  **EMAIL:**

**NOTES:**

---

**NAME:**

**ADDRESS:**

**CITY/STATE/ZIP:**

☎ **HOME:**  ☎ **WORK:**

☎ **CELL:**  **EMAIL:**

**NOTES:**

---

**NAME:**

**ADDRESS:**

**CITY/STATE/ZIP:**

☎ **HOME:**  ☎ **WORK:**

☎ **CELL:**  **EMAIL:**

**NOTES:**

---

**NAME:**

**ADDRESS:**

**CITY/STATE/ZIP:**

☎ **HOME:**  ☎ **WORK:**

☎ **CELL:**  **EMAIL:**

**NOTES:**

**NAME:**
ADDRESS:
CITY/STATE/ZIP:
☎ HOME: ☎ WORK:
☎ CELL: EMAIL:
NOTES:

---

**NAME:**
ADDRESS:
CITY/STATE/ZIP:
☎ HOME: ☎ WORK:
☎ CELL: EMAIL:
NOTES:

---

**NAME:**
ADDRESS:
CITY/STATE/ZIP:
☎ HOME: ☎ WORK:
☎ CELL: EMAIL:
NOTES:

---

**NAME:**
ADDRESS:
CITY/STATE/ZIP:
☎ HOME: ☎ WORK:
☎ CELL: EMAIL:
NOTES:

# M

**NAME:**

**ADDRESS:**

**CITY/STATE/ZIP:**

☎ **HOME:**             ☎ **WORK:**

☎ **CELL:**              **EMAIL:**

**NOTES:**

---

**NAME:**

**ADDRESS:**

**CITY/STATE/ZIP:**

☎ **HOME:**             ☎ **WORK:**

☎ **CELL:**              **EMAIL:**

**NOTES:**

---

**NAME:**

**ADDRESS:**

**CITY/STATE/ZIP:**

☎ **HOME:**             ☎ **WORK:**

☎ **CELL:**              **EMAIL:**

**NOTES:**

---

**NAME:**

**ADDRESS:**

**CITY/STATE/ZIP:**

☎ **HOME:**             ☎ **WORK:**

☎ **CELL:**              **EMAIL:**

**NOTES:**

**NAME:**

**ADDRESS:**

**CITY/STATE/ZIP:**

☎ **HOME:**　　　　　　　　　　　☎ **WORK:**

☎ **CELL:**　　　　　　　　　　　**EMAIL:**

**NOTES:**

---

**NAME:**

**ADDRESS:**

**CITY/STATE/ZIP:**

☎ **HOME:**　　　　　　　　　　　☎ **WORK:**

☎ **CELL:**　　　　　　　　　　　**EMAIL:**

**NOTES:**

---

**NAME:**

**ADDRESS:**

**CITY/STATE/ZIP:**

☎ **HOME:**　　　　　　　　　　　☎ **WORK:**

☎ **CELL:**　　　　　　　　　　　**EMAIL:**

**NOTES:**

---

**NAME:**

**ADDRESS:**

**CITY/STATE/ZIP:**

☎ **HOME:**　　　　　　　　　　　☎ **WORK:**

☎ **CELL:**　　　　　　　　　　　**EMAIL:**

**NOTES:**

# M

**NAME:**

**ADDRESS:**

**CITY/STATE/ZIP:**

☎ **HOME:**  ☎ **WORK:**

☎ **CELL:**  **EMAIL:**

**NOTES:**

---

**NAME:**

**ADDRESS:**

**CITY/STATE/ZIP:**

☎ **HOME:**  ☎ **WORK:**

☎ **CELL:**  **EMAIL:**

**NOTES:**

---

**NAME:**

**ADDRESS:**

**CITY/STATE/ZIP:**

☎ **HOME:**  ☎ **WORK:**

☎ **CELL:**  **EMAIL:**

**NOTES:**

---

**NAME:**

**ADDRESS:**

**CITY/STATE/ZIP:**

☎ **HOME:**  ☎ **WORK:**

☎ **CELL:**  **EMAIL:**

**NOTES:**

**NAME:**

**ADDRESS:**

**CITY/STATE/ZIP:**

☎ **HOME:** ☎ **WORK:**

☎ **CELL:** **EMAIL:**

**NOTES:**

---

**NAME:**

**ADDRESS:**

**CITY/STATE/ZIP:**

☎ **HOME:** ☎ **WORK:**

☎ **CELL:** **EMAIL:**

**NOTES:**

---

**NAME:**

**ADDRESS:**

**CITY/STATE/ZIP:**

☎ **HOME:** ☎ **WORK:**

☎ **CELL:** **EMAIL:**

**NOTES:**

---

**NAME:**

**ADDRESS:**

**CITY/STATE/ZIP:**

☎ **HOME:** ☎ **WORK:**

☎ **CELL:** **EMAIL:**

**NOTES:**

**NAME:**

**ADDRESS:**

**CITY/STATE/ZIP:**

☎ **HOME:** ☎ **WORK:**

☎ **CELL:** **EMAIL:**

**NOTES:**

---

**NAME:**

**ADDRESS:**

**CITY/STATE/ZIP:**

☎ **HOME:** ☎ **WORK:**

☎ **CELL:** **EMAIL:**

**NOTES:**

---

**NAME:**

**ADDRESS:**

**CITY/STATE/ZIP:**

☎ **HOME:** ☎ **WORK:**

☎ **CELL:** **EMAIL:**

**NOTES:**

---

**NAME:**

**ADDRESS:**

**CITY/STATE/ZIP:**

☎ **HOME:** ☎ **WORK:**

☎ **CELL:** **EMAIL:**

**NOTES:**

**NAME:**

**ADDRESS:**

**CITY/STATE/ZIP:**

☎ **HOME:** ☎ **WORK:**

☎ **CELL:** **EMAIL:**

**NOTES:**

---

**NAME:**

**ADDRESS:**

**CITY/STATE/ZIP:**

☎ **HOME:** ☎ **WORK:**

☎ **CELL:** **EMAIL:**

**NOTES:**

---

**NAME:**

**ADDRESS:**

**CITY/STATE/ZIP:**

☎ **HOME:** ☎ **WORK:**

☎ **CELL:** **EMAIL:**

**NOTES:**

---

**NAME:**

**ADDRESS:**

**CITY/STATE/ZIP:**

☎ **HOME:** ☎ **WORK:**

☎ **CELL:** **EMAIL:**

**NOTES:**

**NAME:**

**ADDRESS:**

**CITY/STATE/ZIP:**

☎ **HOME:** ☎ **WORK:**

☎ **CELL:** **EMAIL:**

**NOTES:**

---

**NAME:**

**ADDRESS:**

**CITY/STATE/ZIP:**

☎ **HOME:** ☎ **WORK:**

☎ **CELL:** **EMAIL:**

**NOTES:**

---

**NAME:**

**ADDRESS:**

**CITY/STATE/ZIP:**

☎ **HOME:** ☎ **WORK:**

☎ **CELL:** **EMAIL:**

**NOTES:**

---

**NAME:**

**ADDRESS:**

**CITY/STATE/ZIP:**

☎ **HOME:** ☎ **WORK:**

☎ **CELL:** **EMAIL:**

**NOTES:**

**NAME:**

**ADDRESS:**

**CITY/STATE/ZIP:**

☎ **HOME:** ☎ **WORK:**

☎ **CELL:** **EMAIL:**

**NOTES:**

---

**NAME:**

**ADDRESS:**

**CITY/STATE/ZIP:**

☎ **HOME:** ☎ **WORK:**

☎ **CELL:** **EMAIL:**

**NOTES:**

---

**NAME:**

**ADDRESS:**

**CITY/STATE/ZIP:**

☎ **HOME:** ☎ **WORK:**

☎ **CELL:** **EMAIL:**

**NOTES:**

---

**NAME:**

**ADDRESS:**

**CITY/STATE/ZIP:**

☎ **HOME:** ☎ **WORK:**

☎ **CELL:** **EMAIL:**

**NOTES:**

**NAME:**

**ADDRESS:**

**CITY/STATE/ZIP:**

☎ **HOME:**  ☎ **WORK:**

☎ **CELL:**  **EMAIL:**

**NOTES:**

---

**NAME:**

**ADDRESS:**

**CITY/STATE/ZIP:**

☎ **HOME:**  ☎ **WORK:**

☎ **CELL:**  **EMAIL:**

**NOTES:**

---

**NAME:**

**ADDRESS:**

**CITY/STATE/ZIP:**

☎ **HOME:**  ☎ **WORK:**

☎ **CELL:**  **EMAIL:**

**NOTES:**

---

**NAME:**

**ADDRESS:**

**CITY/STATE/ZIP:**

☎ **HOME:**  ☎ **WORK:**

☎ **CELL:**  **EMAIL:**

**NOTES:**

**NAME:**

**ADDRESS:**

**CITY/STATE/ZIP:**

☎ **HOME:** ☎ **WORK:**

☎ **CELL:** **EMAIL:**

**NOTES:**

---

**NAME:**

**ADDRESS:**

**CITY/STATE/ZIP:**

☎ **HOME:** ☎ **WORK:**

☎ **CELL:** **EMAIL:**

**NOTES:**

---

**NAME:**

**ADDRESS:**

**CITY/STATE/ZIP:**

☎ **HOME:** ☎ **WORK:**

☎ **CELL:** **EMAIL:**

**NOTES:**

---

**NAME:**

**ADDRESS:**

**CITY/STATE/ZIP:**

☎ **HOME:** ☎ **WORK:**

☎ **CELL:** **EMAIL:**

**NOTES:**

**NAME:**

ADDRESS:

CITY/STATE/ZIP:

☎ HOME: ☎ WORK:

☎ CELL: EMAIL:

NOTES:

**NAME:**

ADDRESS:

CITY/STATE/ZIP:

☎ HOME: ☎ WORK:

☎ CELL: EMAIL:

NOTES:

**NAME:**

ADDRESS:

CITY/STATE/ZIP:

☎ HOME: ☎ WORK:

☎ CELL: EMAIL:

NOTES:

**NAME:**

ADDRESS:

CITY/STATE/ZIP:

☎ HOME: ☎ WORK:

☎ CELL: EMAIL:

NOTES:

**NAME:**

ADDRESS:

CITY/STATE/ZIP:

☎ HOME: ☎ WORK:

☎ CELL: EMAIL:

NOTES:

**NAME:**

ADDRESS:

CITY/STATE/ZIP:

☎ HOME: ☎ WORK:

☎ CELL: EMAIL:

NOTES:

**NAME:**

ADDRESS:

CITY/STATE/ZIP:

☎ HOME: ☎ WORK:

☎ CELL: EMAIL:

NOTES:

**NAME:**

ADDRESS:

CITY/STATE/ZIP:

☎ HOME: ☎ WORK:

☎ CELL: EMAIL:

NOTES:

# P

**NAME:**

**ADDRESS:**

**CITY/STATE/ZIP:**

☎ **HOME:** ☎ **WORK:**

☎ **CELL:** **EMAIL:**

**NOTES:**

---

**NAME:**

**ADDRESS:**

**CITY/STATE/ZIP:**

☎ **HOME:** ☎ **WORK:**

☎ **CELL:** **EMAIL:**

**NOTES:**

---

**NAME:**

**ADDRESS:**

**CITY/STATE/ZIP:**

☎ **HOME:** ☎ **WORK:**

☎ **CELL:** **EMAIL:**

**NOTES:**

---

**NAME:**

**ADDRESS:**

**CITY/STATE/ZIP:**

☎ **HOME:** ☎ **WORK:**

☎ **CELL:** **EMAIL:**

**NOTES:**

**NAME:**

**ADDRESS:**

**CITY/STATE/ZIP:**

☎ **HOME:** ☎ **WORK:**

☎ **CELL:** **EMAIL:**

**NOTES:**

---

**NAME:**

**ADDRESS:**

**CITY/STATE/ZIP:**

☎ **HOME:** ☎ **WORK:**

☎ **CELL:** **EMAIL:**

**NOTES:**

---

**NAME:**

**ADDRESS:**

**CITY/STATE/ZIP:**

☎ **HOME:** ☎ **WORK:**

☎ **CELL:** **EMAIL:**

**NOTES:**

---

**NAME:**

**ADDRESS:**

**CITY/STATE/ZIP:**

☎ **HOME:** ☎ **WORK:**

☎ **CELL:** **EMAIL:**

**NOTES:**

**NAME:**

**ADDRESS:**

**CITY/STATE/ZIP:**

☎ **HOME:** ☎ **WORK:**

☎ **CELL:** **EMAIL:**

**NOTES:**

---

**NAME:**

**ADDRESS:**

**CITY/STATE/ZIP:**

☎ **HOME:** ☎ **WORK:**

☎ **CELL:** **EMAIL:**

**NOTES:**

---

**NAME:**

**ADDRESS:**

**CITY/STATE/ZIP:**

☎ **HOME:** ☎ **WORK:**

☎ **CELL:** **EMAIL:**

**NOTES:**

---

**NAME:**

**ADDRESS:**

**CITY/STATE/ZIP:**

☎ **HOME:** ☎ **WORK:**

☎ **CELL:** **EMAIL:**

**NOTES:**

**NAME:**

**ADDRESS:**

**CITY/STATE/ZIP:**

☎ **HOME:** ☎ **WORK:**

☎ **CELL:** **EMAIL:**

**NOTES:**

---

**NAME:**

**ADDRESS:**

**CITY/STATE/ZIP:**

☎ **HOME:** ☎ **WORK:**

☎ **CELL:** **EMAIL:**

**NOTES:**

---

**NAME:**

**ADDRESS:**

**CITY/STATE/ZIP:**

☎ **HOME:** ☎ **WORK:**

☎ **CELL:** **EMAIL:**

**NOTES:**

---

**NAME:**

**ADDRESS:**

**CITY/STATE/ZIP:**

☎ **HOME:** ☎ **WORK:**

☎ **CELL:** **EMAIL:**

**NOTES:**

**NAME:**

**ADDRESS:**

**CITY/STATE/ZIP:**

☎ **HOME:** ☎ **WORK:**

☎ **CELL:** **EMAIL:**

**NOTES:**

---

**NAME:**

**ADDRESS:**

**CITY/STATE/ZIP:**

☎ **HOME:** ☎ **WORK:**

☎ **CELL:** **EMAIL:**

**NOTES:**

---

**NAME:**

**ADDRESS:**

**CITY/STATE/ZIP:**

☎ **HOME:** ☎ **WORK:**

☎ **CELL:** **EMAIL:**

**NOTES:**

---

**NAME:**

**ADDRESS:**

**CITY/STATE/ZIP:**

☎ **HOME:** ☎ **WORK:**

☎ **CELL:** **EMAIL:**

**NOTES:**

**NAME:**

**ADDRESS:**

**CITY/STATE/ZIP:**

☎ **HOME:**            ☎ **WORK:**

☎ **CELL:**            **EMAIL:**

**NOTES:**

---

**NAME:**

**ADDRESS:**

**CITY/STATE/ZIP:**

☎ **HOME:**            ☎ **WORK:**

☎ **CELL:**            **EMAIL:**

**NOTES:**

---

**NAME:**

**ADDRESS:**

**CITY/STATE/ZIP:**

☎ **HOME:**            ☎ **WORK:**

☎ **CELL:**            **EMAIL:**

**NOTES:**

---

**NAME:**

**ADDRESS:**

**CITY/STATE/ZIP:**

☎ **HOME:**            ☎ **WORK:**

☎ **CELL:**            **EMAIL:**

**NOTES:**

## Q

**NAME:**

**ADDRESS:**

**CITY/STATE/ZIP:**

☎ **HOME:** ☎ **WORK:**

☎ **CELL:** **EMAIL:**

**NOTES:**

---

**NAME:**

**ADDRESS:**

**CITY/STATE/ZIP:**

☎ **HOME:** ☎ **WORK:**

☎ **CELL:** **EMAIL:**

**NOTES:**

---

**NAME:**

**ADDRESS:**

**CITY/STATE/ZIP:**

☎ **HOME:** ☎ **WORK:**

☎ **CELL:** **EMAIL:**

**NOTES:**

---

**NAME:**

**ADDRESS:**

**CITY/STATE/ZIP:**

☎ **HOME:** ☎ **WORK:**

☎ **CELL:** **EMAIL:**

**NOTES:**

**NAME:**

**ADDRESS:**

**CITY/STATE/ZIP:**

☎ **HOME:** ☎ **WORK:**

☎ **CELL:** **EMAIL:**

**NOTES:**

---

**NAME:**

**ADDRESS:**

**CITY/STATE/ZIP:**

☎ **HOME:** ☎ **WORK:**

☎ **CELL:** **EMAIL:**

**NOTES:**

---

**NAME:**

**ADDRESS:**

**CITY/STATE/ZIP:**

☎ **HOME:** ☎ **WORK:**

☎ **CELL:** **EMAIL:**

**NOTES:**

---

**NAME:**

**ADDRESS:**

**CITY/STATE/ZIP:**

☎ **HOME:** ☎ **WORK:**

☎ **CELL:** **EMAIL:**

**NOTES:**

# R

**NAME:**

**ADDRESS:**

**CITY/STATE/ZIP:**

☎ **HOME:**      ☎ **WORK:**

☎ **CELL:**      **EMAIL:**

**NOTES:**

---

**NAME:**

**ADDRESS:**

**CITY/STATE/ZIP:**

☎ **HOME:**      ☎ **WORK:**

☎ **CELL:**      **EMAIL:**

**NOTES:**

---

**NAME:**

**ADDRESS:**

**CITY/STATE/ZIP:**

☎ **HOME:**      ☎ **WORK:**

☎ **CELL:**      **EMAIL:**

**NOTES:**

---

**NAME:**

**ADDRESS:**

**CITY/STATE/ZIP:**

☎ **HOME:**      ☎ **WORK:**

☎ **CELL:**      **EMAIL:**

**NOTES:**

**NAME:**

**ADDRESS:**

**CITY/STATE/ZIP:**

☎ **HOME:**      ☎ **WORK:**

☎ **CELL:**      **EMAIL:**

**NOTES:**

---

**NAME:**

**ADDRESS:**

**CITY/STATE/ZIP:**

☎ **HOME:**      ☎ **WORK:**

☎ **CELL:**      **EMAIL:**

**NOTES:**

---

**NAME:**

**ADDRESS:**

**CITY/STATE/ZIP:**

☎ **HOME:**      ☎ **WORK:**

☎ **CELL:**      **EMAIL:**

**NOTES:**

---

**NAME:**

**ADDRESS:**

**CITY/STATE/ZIP:**

☎ **HOME:**      ☎ **WORK:**

☎ **CELL:**      **EMAIL:**

**NOTES:**

# R

**NAME:**

**ADDRESS:**

**CITY/STATE/ZIP:**

☎ **HOME:** ☎ **WORK:**

☎ **CELL:** **EMAIL:**

**NOTES:**

---

**NAME:**

**ADDRESS:**

**CITY/STATE/ZIP:**

☎ **HOME:** ☎ **WORK:**

☎ **CELL:** **EMAIL:**

**NOTES:**

---

**NAME:**

**ADDRESS:**

**CITY/STATE/ZIP:**

☎ **HOME:** ☎ **WORK:**

☎ **CELL:** **EMAIL:**

**NOTES:**

---

**NAME:**

**ADDRESS:**

**CITY/STATE/ZIP:**

☎ **HOME:** ☎ **WORK:**

☎ **CELL:** **EMAIL:**

**NOTES:**

**NAME:**

ADDRESS:

CITY/STATE/ZIP:

☎ HOME: ☎ WORK:

☎ CELL: EMAIL:

NOTES:

---

**NAME:**

ADDRESS:

CITY/STATE/ZIP:

☎ HOME: ☎ WORK:

☎ CELL: EMAIL:

NOTES:

---

**NAME:**

ADDRESS:

CITY/STATE/ZIP:

☎ HOME: ☎ WORK:

☎ CELL: EMAIL:

NOTES:

---

**NAME:**

ADDRESS:

CITY/STATE/ZIP:

☎ HOME: ☎ WORK:

☎ CELL: EMAIL:

NOTES:

# R

**NAME:**

**ADDRESS:**

**CITY/STATE/ZIP:**

☎ **HOME:** ☎ **WORK:**

☎ **CELL:** **EMAIL:**

**NOTES:**

---

**NAME:**

**ADDRESS:**

**CITY/STATE/ZIP:**

☎ **HOME:** ☎ **WORK:**

☎ **CELL:** **EMAIL:**

**NOTES:**

---

**NAME:**

**ADDRESS:**

**CITY/STATE/ZIP:**

☎ **HOME:** ☎ **WORK:**

☎ **CELL:** **EMAIL:**

**NOTES:**

---

**NAME:**

**ADDRESS:**

**CITY/STATE/ZIP:**

☎ **HOME:** ☎ **WORK:**

☎ **CELL:** **EMAIL:**

**NOTES:**

**NAME:**

**ADDRESS:**

**CITY/STATE/ZIP:**

☎ **HOME:** ☎ **WORK:**

☎ **CELL:** **EMAIL:**

**NOTES:**

---

**NAME:**

**ADDRESS:**

**CITY/STATE/ZIP:**

☎ **HOME:** ☎ **WORK:**

☎ **CELL:** **EMAIL:**

**NOTES:**

---

**NAME:**

**ADDRESS:**

**CITY/STATE/ZIP:**

☎ **HOME:** ☎ **WORK:**

☎ **CELL:** **EMAIL:**

**NOTES:**

---

**NAME:**

**ADDRESS:**

**CITY/STATE/ZIP:**

☎ **HOME:** ☎ **WORK:**

☎ **CELL:** **EMAIL:**

**NOTES:**

**NAME:**

**ADDRESS:**

**CITY/STATE/ZIP:**

☎ **HOME:** ☎ **WORK:**

☎ **CELL:** **EMAIL:**

**NOTES:**

---

**NAME:**

**ADDRESS:**

**CITY/STATE/ZIP:**

☎ **HOME:** ☎ **WORK:**

☎ **CELL:** **EMAIL:**

**NOTES:**

---

**NAME:**

**ADDRESS:**

**CITY/STATE/ZIP:**

☎ **HOME:** ☎ **WORK:**

☎ **CELL:** **EMAIL:**

**NOTES:**

---

**NAME:**

**ADDRESS:**

**CITY/STATE/ZIP:**

☎ **HOME:** ☎ **WORK:**

☎ **CELL:** **EMAIL:**

**NOTES:**

**NAME:**

**ADDRESS:**

**CITY/STATE/ZIP:**

☎ **HOME:** ☎ **WORK:**

☎ **CELL:** **EMAIL:**

**NOTES:**

---

**NAME:**

**ADDRESS:**

**CITY/STATE/ZIP:**

☎ **HOME:** ☎ **WORK:**

☎ **CELL:** **EMAIL:**

**NOTES:**

---

**NAME:**

**ADDRESS:**

**CITY/STATE/ZIP:**

☎ **HOME:** ☎ **WORK:**

☎ **CELL:** **EMAIL:**

**NOTES:**

---

**NAME:**

**ADDRESS:**

**CITY/STATE/ZIP:**

☎ **HOME:** ☎ **WORK:**

☎ **CELL:** **EMAIL:**

**NOTES:**

**S**

**NAME:**

**ADDRESS:**

**CITY/STATE/ZIP:**

☎ **HOME:**　　　　　　　　　　　☎ **WORK:**

☎ **CELL:**　　　　　　　　　　　**EMAIL:**

**NOTES:**

---

**NAME:**

**ADDRESS:**

**CITY/STATE/ZIP:**

☎ **HOME:**　　　　　　　　　　　☎ **WORK:**

☎ **CELL:**　　　　　　　　　　　**EMAIL:**

**NOTES:**

---

**NAME:**

**ADDRESS:**

**CITY/STATE/ZIP:**

☎ **HOME:**　　　　　　　　　　　☎ **WORK:**

☎ **CELL:**　　　　　　　　　　　**EMAIL:**

**NOTES:**

---

**NAME:**

**ADDRESS:**

**CITY/STATE/ZIP:**

☎ **HOME:**　　　　　　　　　　　☎ **WORK:**

☎ **CELL:**　　　　　　　　　　　**EMAIL:**

**NOTES:**

**NAME:**

**ADDRESS:**

**CITY/STATE/ZIP:**

☎ **HOME:**  ☎ **WORK:**

☎ **CELL:**  **EMAIL:**

**NOTES:**

---

**NAME:**

**ADDRESS:**

**CITY/STATE/ZIP:**

☎ **HOME:**  ☎ **WORK:**

☎ **CELL:**  **EMAIL:**

**NOTES:**

---

**NAME:**

**ADDRESS:**

**CITY/STATE/ZIP:**

☎ **HOME:**  ☎ **WORK:**

☎ **CELL:**  **EMAIL:**

**NOTES:**

---

**NAME:**

**ADDRESS:**

**CITY/STATE/ZIP:**

☎ **HOME:**  ☎ **WORK:**

☎ **CELL:**  **EMAIL:**

**NOTES:**

**NAME:**

**ADDRESS:**

**CITY/STATE/ZIP:**

☎ **HOME:**            ☎ **WORK:**

☎ **CELL:**             **EMAIL:**

**NOTES:**

---

**NAME:**

**ADDRESS:**

**CITY/STATE/ZIP:**

☎ **HOME:**            ☎ **WORK:**

☎ **CELL:**             **EMAIL:**

**NOTES:**

---

**NAME:**

**ADDRESS:**

**CITY/STATE/ZIP:**

☎ **HOME:**            ☎ **WORK:**

☎ **CELL:**             **EMAIL:**

**NOTES:**

---

**NAME:**

**ADDRESS:**

**CITY/STATE/ZIP:**

☎ **HOME:**            ☎ **WORK:**

☎ **CELL:**             **EMAIL:**

**NOTES:**

**NAME:**

**ADDRESS:**

**CITY/STATE/ZIP:**

☎ **HOME:**  ☎ **WORK:**

☎ **CELL:**  **EMAIL:**

**NOTES:**

---

**NAME:**

**ADDRESS:**

**CITY/STATE/ZIP:**

☎ **HOME:**  ☎ **WORK:**

☎ **CELL:**  **EMAIL:**

**NOTES:**

---

**NAME:**

**ADDRESS:**

**CITY/STATE/ZIP:**

☎ **HOME:**  ☎ **WORK:**

☎ **CELL:**  **EMAIL:**

**NOTES:**

---

**NAME:**

**ADDRESS:**

**CITY/STATE/ZIP:**

☎ **HOME:**  ☎ **WORK:**

☎ **CELL:**  **EMAIL:**

**NOTES:**

**NAME:**

**ADDRESS:**

**CITY/STATE/ZIP:**

☎ **HOME:** ☎ **WORK:**

☎ **CELL:** **EMAIL:**

**NOTES:**

**NAME:**

**ADDRESS:**

**CITY/STATE/ZIP:**

☎ **HOME:** ☎ **WORK:**

☎ **CELL:** **EMAIL:**

**NOTES:**

**NAME:**

**ADDRESS:**

**CITY/STATE/ZIP:**

☎ **HOME:** ☎ **WORK:**

☎ **CELL:** **EMAIL:**

**NOTES:**

**NAME:**

**ADDRESS:**

**CITY/STATE/ZIP:**

☎ **HOME:** ☎ **WORK:**

☎ **CELL:** **EMAIL:**

**NOTES:**

**NAME:**

**ADDRESS:**

**CITY/STATE/ZIP:**

☎ **HOME:** ☎ **WORK:**

☎ **CELL:** **EMAIL:**

**NOTES:**

---

**NAME:**

**ADDRESS:**

**CITY/STATE/ZIP:**

☎ **HOME:** ☎ **WORK:**

☎ **CELL:** **EMAIL:**

**NOTES:**

---

**NAME:**

**ADDRESS:**

**CITY/STATE/ZIP:**

☎ **HOME:** ☎ **WORK:**

☎ **CELL:** **EMAIL:**

**NOTES:**

---

**NAME:**

**ADDRESS:**

**CITY/STATE/ZIP:**

☎ **HOME:** ☎ **WORK:**

☎ **CELL:** **EMAIL:**

**NOTES:**

# T

**NAME:**

**ADDRESS:**

**CITY/STATE/ZIP:**

☎ **HOME:** ☎ **WORK:**

☎ **CELL:** **EMAIL:**

**NOTES:**

---

**NAME:**

**ADDRESS:**

**CITY/STATE/ZIP:**

☎ **HOME:** ☎ **WORK:**

☎ **CELL:** **EMAIL:**

**NOTES:**

---

**NAME:**

**ADDRESS:**

**CITY/STATE/ZIP:**

☎ **HOME:** ☎ **WORK:**

☎ **CELL:** **EMAIL:**

**NOTES:**

---

**NAME:**

**ADDRESS:**

**CITY/STATE/ZIP:**

☎ **HOME:** ☎ **WORK:**

☎ **CELL:** **EMAIL:**

**NOTES:**

**NAME:**

ADDRESS:

CITY/STATE/ZIP:

☎ HOME: ☎ WORK:

☎ CELL: EMAIL:

NOTES:

**NAME:**

ADDRESS:

CITY/STATE/ZIP:

☎ HOME: ☎ WORK:

☎ CELL: EMAIL:

NOTES:

**NAME:**

ADDRESS:

CITY/STATE/ZIP:

☎ HOME: ☎ WORK:

☎ CELL: EMAIL:

NOTES:

**NAME:**

ADDRESS:

CITY/STATE/ZIP:

☎ HOME: ☎ WORK:

☎ CELL: EMAIL:

NOTES:

**NAME:**

**ADDRESS:**

**CITY/STATE/ZIP:**

☎ **HOME:** ☎ **WORK:**

☎ **CELL:** **EMAIL:**

**NOTES:**

**NAME:**

**ADDRESS:**

**CITY/STATE/ZIP:**

☎ **HOME:** ☎ **WORK:**

☎ **CELL:** **EMAIL:**

**NOTES:**

**NAME:**

**ADDRESS:**

**CITY/STATE/ZIP:**

☎ **HOME:** ☎ **WORK:**

☎ **CELL:** **EMAIL:**

**NOTES:**

**NAME:**

**ADDRESS:**

**CITY/STATE/ZIP:**

☎ **HOME:** ☎ **WORK:**

☎ **CELL:** **EMAIL:**

**NOTES:**

**NAME:**

**ADDRESS:**

**CITY/STATE/ZIP:**

☎ **HOME:**  ☎ **WORK:**

☎ **CELL:**  **EMAIL:**

**NOTES:**

---

**NAME:**

**ADDRESS:**

**CITY/STATE/ZIP:**

☎ **HOME:**  ☎ **WORK:**

☎ **CELL:**  **EMAIL:**

**NOTES:**

---

**NAME:**

**ADDRESS:**

**CITY/STATE/ZIP:**

☎ **HOME:**  ☎ **WORK:**

☎ **CELL:**  **EMAIL:**

**NOTES:**

---

**NAME:**

**ADDRESS:**

**CITY/STATE/ZIP:**

☎ **HOME:**  ☎ **WORK:**

☎ **CELL:**  **EMAIL:**

**NOTES:**

# U V

**NAME:**

**ADDRESS:**

**CITY/STATE/ZIP:**

☎ **HOME:** ☎ **WORK:**

☎ **CELL:** **EMAIL:**

**NOTES:**

# U V

**NAME:**

**ADDRESS:**

**CITY/STATE/ZIP:**

☎ **HOME:** ☎ **WORK:**

☎ **CELL:** **EMAIL:**

**NOTES:**

**NAME:**

**ADDRESS:**

**CITY/STATE/ZIP:**

☎ **HOME:** ☎ **WORK:**

☎ **CELL:** **EMAIL:**

**NOTES:**

**NAME:**

**ADDRESS:**

**CITY/STATE/ZIP:**

☎ **HOME:** ☎ **WORK:**

☎ **CELL:** **EMAIL:**

**NOTES:**

**NAME:**

**ADDRESS:**

**CITY/STATE/ZIP:**

☎ **HOME:** ☎ **WORK:**

☎ **CELL:** **EMAIL:**

**NOTES:**

---

**NAME:**

**ADDRESS:**

**CITY/STATE/ZIP:**

☎ **HOME:** ☎ **WORK:**

☎ **CELL:** **EMAIL:**

**NOTES:**

---

**NAME:**

**ADDRESS:**

**CITY/STATE/ZIP:**

☎ **HOME:** ☎ **WORK:**

☎ **CELL:** **EMAIL:**

**NOTES:**

---

**NAME:**

**ADDRESS:**

**CITY/STATE/ZIP:**

☎ **HOME:** ☎ **WORK:**

☎ **CELL:** **EMAIL:**

**NOTES:**

**NAME:**

**ADDRESS:**

**CITY/STATE/ZIP:**

☎ **HOME:** ☎ **WORK:**

☎ **CELL:** **EMAIL:**

**NOTES:**

**NAME:**

**ADDRESS:**

**CITY/STATE/ZIP:**

☎ **HOME:** ☎ **WORK:**

☎ **CELL:** **EMAIL:**

**NOTES:**

**NAME:**

**ADDRESS:**

**CITY/STATE/ZIP:**

☎ **HOME:** ☎ **WORK:**

☎ **CELL:** **EMAIL:**

**NOTES:**

**NAME:**

**ADDRESS:**

**CITY/STATE/ZIP:**

☎ **HOME:** ☎ **WORK:**

☎ **CELL:** **EMAIL:**

**NOTES:**

**NAME:**

**ADDRESS:**

**CITY/STATE/ZIP:**

☎ **HOME:** ☎ **WORK:**

☎ **CELL:** **EMAIL:**

**NOTES:**

---

**NAME:**

**ADDRESS:**

**CITY/STATE/ZIP:**

☎ **HOME:** ☎ **WORK:**

☎ **CELL:** **EMAIL:**

**NOTES:**

---

**NAME:**

**ADDRESS:**

**CITY/STATE/ZIP:**

☎ **HOME:** ☎ **WORK:**

☎ **CELL:** **EMAIL:**

**NOTES:**

---

**NAME:**

**ADDRESS:**

**CITY/STATE/ZIP:**

☎ **HOME:** ☎ **WORK:**

☎ **CELL:** **EMAIL:**

**NOTES:**

# W

**NAME:**

**ADDRESS:**

**CITY/STATE/ZIP:**

☎ **HOME:**      ☎ **WORK:**

☎ **CELL:**      **EMAIL:**

**NOTES:**

---

**NAME:**

**ADDRESS:**

**CITY/STATE/ZIP:**

☎ **HOME:**      ☎ **WORK:**

☎ **CELL:**      **EMAIL:**

**NOTES:**

---

**NAME:**

**ADDRESS:**

**CITY/STATE/ZIP:**

☎ **HOME:**      ☎ **WORK:**

☎ **CELL:**      **EMAIL:**

**NOTES:**

---

**NAME:**

**ADDRESS:**

**CITY/STATE/ZIP:**

☎ **HOME:**      ☎ **WORK:**

☎ **CELL:**      **EMAIL:**

**NOTES:**

**NAME:**

ADDRESS:

CITY/STATE/ZIP:

☎ HOME:                               ☎ WORK:

☎ CELL:                               EMAIL:

NOTES:

---

**NAME:**

ADDRESS:

CITY/STATE/ZIP:

☎ HOME:                               ☎ WORK:

☎ CELL:                               EMAIL:

NOTES:

---

**NAME:**

ADDRESS:

CITY/STATE/ZIP:

☎ HOME:                               ☎ WORK:

☎ CELL:                               EMAIL:

NOTES:

---

**NAME:**

ADDRESS:

CITY/STATE/ZIP:

☎ HOME:                               ☎ WORK:

☎ CELL:                               EMAIL:

NOTES:

**NAME:**

**ADDRESS:**

**CITY/STATE/ZIP:**

☎ **HOME:** ☎ **WORK:**

☎ **CELL:** **EMAIL:**

**NOTES:**

**NAME:**

**ADDRESS:**

**CITY/STATE/ZIP:**

☎ **HOME:** ☎ **WORK:**

☎ **CELL:** **EMAIL:**

**NOTES:**

**NAME:**

**ADDRESS:**

**CITY/STATE/ZIP:**

☎ **HOME:** ☎ **WORK:**

☎ **CELL:** **EMAIL:**

**NOTES:**

**NAME:**

**ADDRESS:**

**CITY/STATE/ZIP:**

☎ **HOME:** ☎ **WORK:**

☎ **CELL:** **EMAIL:**

**NOTES:**

**NAME:**

**ADDRESS:**

**CITY/STATE/ZIP:**

☎ **HOME:** ☎ **WORK:**

☎ **CELL:** **EMAIL:**

**NOTES:**

---

**NAME:**

**ADDRESS:**

**CITY/STATE/ZIP:**

☎ **HOME:** ☎ **WORK:**

☎ **CELL:** **EMAIL:**

**NOTES:**

---

**NAME:**

**ADDRESS:**

**CITY/STATE/ZIP:**

☎ **HOME:** ☎ **WORK:**

☎ **CELL:** **EMAIL:**

**NOTES:**

---

**NAME:**

**ADDRESS:**

**CITY/STATE/ZIP:**

☎ **HOME:** ☎ **WORK:**

☎ **CELL:** **EMAIL:**

**NOTES:**

**NAME:**

**ADDRESS:**

**CITY/STATE/ZIP:**

☎ **HOME:** ☎ **WORK:**

☎ **CELL:** **EMAIL:**

**NOTES:**

---

**NAME:**

**ADDRESS:**

**CITY/STATE/ZIP:**

☎ **HOME:** ☎ **WORK:**

☎ **CELL:** **EMAIL:**

**NOTES:**

---

**NAME:**

**ADDRESS:**

**CITY/STATE/ZIP:**

☎ **HOME:** ☎ **WORK:**

☎ **CELL:** **EMAIL:**

**NOTES:**

---

**NAME:**

**ADDRESS:**

**CITY/STATE/ZIP:**

☎ **HOME:** ☎ **WORK:**

☎ **CELL:** **EMAIL:**

**NOTES:**

**NAME:**

**ADDRESS:**

**CITY/STATE/ZIP:**

☎ **HOME:** ☎ **WORK:**

☎ **CELL:** **EMAIL:**

**NOTES:**

---

**NAME:**

**ADDRESS:**

**CITY/STATE/ZIP:**

☎ **HOME:** ☎ **WORK:**

☎ **CELL:** **EMAIL:**

**NOTES:**

---

**NAME:**

**ADDRESS:**

**CITY/STATE/ZIP:**

☎ **HOME:** ☎ **WORK:**

☎ **CELL:** **EMAIL:**

**NOTES:**

---

**NAME:**

**ADDRESS:**

**CITY/STATE/ZIP:**

☎ **HOME:** ☎ **WORK:**

☎ **CELL:** **EMAIL:**

**NOTES:**

# X Y Z

**NAME:**

**ADDRESS:**

**CITY/STATE/ZIP:**

☎ **HOME:** ☎ **WORK:**

☎ **CELL:** **EMAIL:**

**NOTES:**

# X Y Z

**NAME:**

**ADDRESS:**

**CITY/STATE/ZIP:**

☎ **HOME:** ☎ **WORK:**

☎ **CELL:** **EMAIL:**

**NOTES:**

# X Y Z

**NAME:**

**ADDRESS:**

**CITY/STATE/ZIP:**

☎ **HOME:** ☎ **WORK:**

☎ **CELL:** **EMAIL:**

**NOTES:**

**NAME:**

**ADDRESS:**

**CITY/STATE/ZIP:**

☎ **HOME:** ☎ **WORK:**

☎ **CELL:** **EMAIL:**

**NOTES:**

**NAME:**

**ADDRESS:**

**CITY/STATE/ZIP:**

☎ **HOME:** ☎ **WORK:**

☎ **CELL:** **EMAIL:**

**NOTES:**

---

**NAME:**

**ADDRESS:**

**CITY/STATE/ZIP:**

☎ **HOME:** ☎ **WORK:**

☎ **CELL:** **EMAIL:**

**NOTES:**

---

**NAME:**

**ADDRESS:**

**CITY/STATE/ZIP:**

☎ **HOME:** ☎ **WORK:**

☎ **CELL:** **EMAIL:**

**NOTES:**

---

**NAME:**

**ADDRESS:**

**CITY/STATE/ZIP:**

☎ **HOME:** ☎ **WORK:**

☎ **CELL:** **EMAIL:**

**NOTES:**

# X Y Z

**NAME:**

**ADDRESS:**

**CITY/STATE/ZIP:**

☎ **HOME:** ☎ **WORK:**

☎ **CELL:** **EMAIL:**

**NOTES:**

---

**NAME:**

**ADDRESS:**

**CITY/STATE/ZIP:**

☎ **HOME:** ☎ **WORK:**

☎ **CELL:** **EMAIL:**

**NOTES:**

---

**NAME:**

**ADDRESS:**

**CITY/STATE/ZIP:**

☎ **HOME:** ☎ **WORK:**

☎ **CELL:** **EMAIL:**

**NOTES:**

---

**NAME:**

**ADDRESS:**

**CITY/STATE/ZIP:**

☎ **HOME:** ☎ **WORK:**

☎ **CELL:** **EMAIL:**

**NOTES:**

**NAME:**

ADDRESS:

CITY/STATE/ZIP:

☎ HOME: ☎ WORK:

☎ CELL: EMAIL:

NOTES:

---

**NAME:**

ADDRESS:

CITY/STATE/ZIP:

☎ HOME: ☎ WORK:

☎ CELL: EMAIL:

NOTES:

---

**NAME:**

ADDRESS:

CITY/STATE/ZIP:

☎ HOME: ☎ WORK:

☎ CELL: EMAIL:

NOTES:

---

**NAME:**

ADDRESS:

CITY/STATE/ZIP:

☎ HOME: ☎ WORK:

☎ CELL: EMAIL:

NOTES:

Friendship is the inexpressible comfort
of feeling safe with a person,
having neither to weigh thoughts
nor measure words.

— George Eliot (Mary Anne Evans)

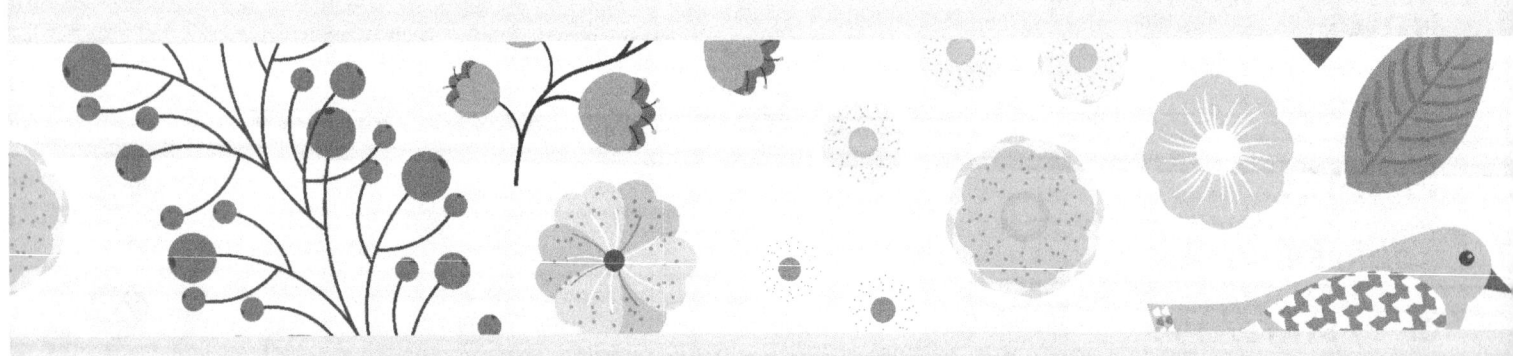

# WANT TO SEE MORE? ALSO FROM SYNCHRONISTA:

*Large Print Word Search Puzzles*
*Vintage Women: Adult Coloring Book series*
*The All-In-One Pregnancy Calendar, Daily Countdown, Planner and Journal*

# WE HAVE WEBSITES, TOO...

**ClickAmericana.com:** Thousands of articles, news stories, vintage memorabilia and photos from throughout American history.

**PrintColorFun.com:** Hundreds of free coloring pages to download and print at home.

**Myria.com:** Smart stuff for real life: Health, parenting, psychology, science, tech, entertainment — plus recipes, home decor & other good things.

If you enjoyed this book, please leave a review online — and tell a friend!

# SEE OTHER BOOKS AT BRILLIANTACTIVITYBOOKS.COM !

Made in the USA
Monee, IL
28 April 2026